Logli Leseförder

Sabine Kalw

Vier Freunde auf dem Ponyhof

Illustrationen von Ines Rarisch

Loewe

Auf dem Ponyhof

Nina und Felix lieben Ponys.

Und dieses Jahr machen sie

Ferien auf dem Ponyhof!

Jeden Tag gehen sie

zur großen Koppel.

Dort dürfen die Ponys

grasen und springen

und laufen und spielen.

Ninas Lieblingspony heißt Flocke.

Flocke ist weiß wie Schnee.

Ihr Fell ist weich wie Samt.

LESE-RÄTSEL

Wie heißt Ninas Lieblingspony?
Schreibe den Namen auf das Schild.

Felix mag Frechdachs
besonders gerne.
Frechdachs ist ganz schwarz.
Er hat immer Unsinn im Kopf.

Übermütig springt Flocke
auf der Koppel herum.
Sie macht Bocksprünge.
Nina und Felix lachen.
Frechdachs wälzt sich
im Gras.
Dabei strampelt er vergnügt
mit den Beinen.
Das sieht sehr lustig aus.

LESE-RÄTSEL

Unterstreiche den richtigen Satz.

Frechdachs frisst Gras.

~~Frechdachs wälzt sich im Gras.~~

Nina und Felix wälzen sich im Gras.

Leckerbissen

„Komm her zu mir, Flocke!
Komm, kleiner Frechdachs!“,
locken Nina und Felix.
Flocke und Frechdachs
spitzen die Ohren.
Neugierig kommen sie
an den Zaun.

Flocke stupst an Ninas Arm.
Das heißt: Hast du etwas für mich?
Und Frechdachs knabbert sogar
an Felix’ Hosentasche.

LESE-RÄTSEL

Woran knabbert Frechdachs?

Kreuze das richtige Bild an.

Nina hat trockenes Brot dabei.
Felix hat eine Karotte.
Auf der flachen Hand
halten die Kinder
den Ponys das Futter hin.

Ganz sanft nimmt Flocke
das Brot von Ninas Hand.
Nina spürt Flockes Atem
und ihre weichen Lippen.
Auch Frechdachs holt sich
seinen Leckerbissen.
Danach lassen sich die beiden Ponys
von Nina und Felix streicheln.

LESE-RÄTSEL

Auf diesem Bild gibt es ~~drei~~ vier Fehler.
Streiche durch, was nicht stimmt.

Im Stall

„Jetzt führen wir euch
in den Stall!“, sagt Nina.
Die Kinder legen ihren Ponys
Halfter um.
Flocke hält ganz still.
Aber Frechdachs schüttelt
den Kopf und wiehert.

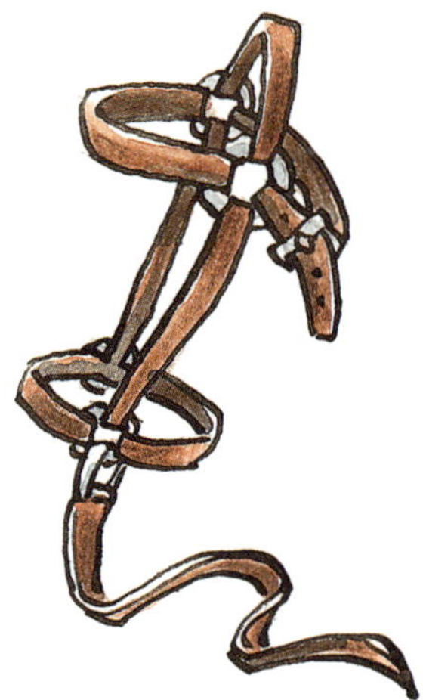

Nina ist stolz, dass Flocke
so brav neben ihr herläuft.
Felix muss Frechdachs
erst gut zureden.

LESE-RÄTSEL

Was macht Frechdachs, als Felix ihm das Halfter umlegt? Kreuze das richtige Bild an.

Frechdachs hält ganz still.

Frechdachs schüttelt den Kopf und wiehert.

Frechdachs knabbert am Halfter.

Die Kinder binden
ihre Ponys in der Box an.

Kräftig striegeln sie
das weiche Fell
bis es seidig glänzt.

Dann hilft ihnen
Toni, der Reitlehrer,
die Ponys zu satteln.
Ungeduldig scharren
Flocke und Frechdachs
mit den Hufen.
Sie freuen sich schon
auf die Reitstunde.

LESE-RÄTSEL

Welcher Satz ist falsch?
Streiche ihn durch.

Die Kinder striegeln die Ponys.

Toni sattelt die Ponys.

~~Toni füttert die Ponys.~~

Reitstunde

Flocke und Frechdachs
laufen im Kreis.
In der Mitte steht Toni
und schnalzt leise mit der Zunge.
Nina fühlt sich ganz sicher
auf Flockes Rücken.

Felix bekommt etwas Angst,
denn Frechdachs wiehert
und schüttelt die Mähne.
„Frechdachs freut sich nur!“,
beruhigt Toni den armen Felix.

LESE-RÄTSEL

Hier stimmt etwas nicht.
Kreise den Fehler ein.

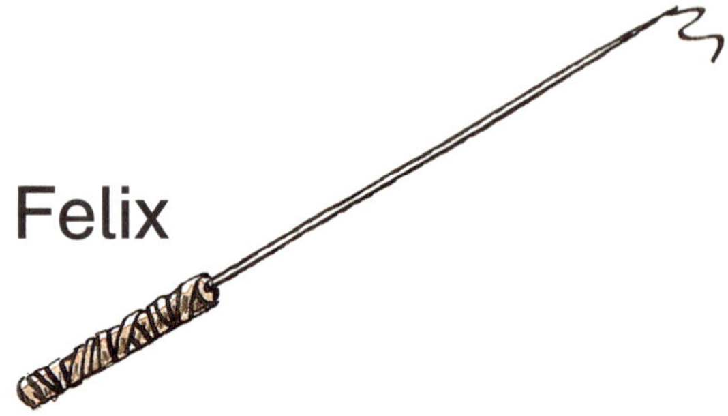

Dann versuchen Nina und Felix
ein kleines Kunststück.
Sie nehmen die Hände vom Sattel
und strecken sie zur Seite.
Dadurch üben sie ihr Gleichgewicht.
Ninas Herz schlägt
bis zum Hals.
So aufgeregt ist sie.

„Ihr macht das sehr gut!“,
lobt Toni die beiden.
Danach laufen die Ponys im Trab.
Und Nina und Felix halten sich
wieder gut am Sattel fest.

LESE-RÄTSEL

Was passiert zuerst, was danach? Schreibe die Zahlen von 1 bis 3 in der richtigen Reihenfolge in die Kästchen.

Kunststücke

Nach Nina und Felix
haben andere Kinder Unterricht.
Sättel brauchen sie dazu nicht.
Sie voltigieren!

Nina und Felix staunen,
was die Kinder alles können.
Ein Junge kniet auf dem Ponyrücken
und streckt ein Bein aus.
Ein anderer reitet verkehrt herum.
Und ein Mädchen springt sogar
auf ein trabendes Pony.

LESE-RÄTSEL

Welches Kind kommt auf der linken Seite nicht vor? Kreise es ein.

Ein Junge mit wuscheligen, blonden Haaren wagt ein besonderes Kunststück:

Er hängt kopfüber vom Pony und streckt ein Bein in die Luft. Sein Pony trabt ganz ruhig und geduldig weiter. Nina und Felix machen große Augen.

Der blonde Junge lacht sie an. „Heute schlafen wir alle im Heu. Kommt ihr auch?“, ruft er ihnen zu. Begeistert nicken die beiden. Ist doch klar, dass sie kommen. Das wird ein Spaß!

Wozu lädt der blonde Junge Nina und Felix ein? Male das richtige Bild an.

Heuschlacht

Am Abend gibt es
eine große Heuschlacht.
Die Jungen und Mädchen
lachen und kichern
bis sie nicht mehr können.
Nina zupft sich
das Heu aus den Haaren.
Und Felix sieht aus
wie ein Strohmonster.

Endlich fallen die Kinder
müde und glücklich ins Heu.

Welche Wörter fehlen?
Lies nach, und ergänze richtig.

Nina zupft sich das Heu aus den Haaren.

Felix sieht aus wie ein Strohmonster.

Endlich fallen die Kinder müde und glücklich ins Heu.

Draußen ist es schon dunkel.
Nur der Mond scheint
durch das Stallfenster.
Felix schläft wie ein Murmeltier.

Nina will noch nicht schlafen.
Es ist so schön hier!
Es duftet nach Heu
und nach Ponys.
Nina hört die Ponys,
wie sie leise schnauben
und mit den Hufen scharren.
Da raschelt es plötzlich neben ihr.
Erschreckt setzt sich Nina auf.

LESE-RÄTSEL

Was stimmt auf dem Bild nicht?

Male es richtig.

Überraschungen

Das Rascheln kommt immer näher.

Ist es ein wildes Tier?

Ist es eine Maus?

Nina wird ganz aufgeregt.

Doch da hört Nina ein Maunzen.

Ein kleines Kätzchen

kuschelt sich in ihren Arm.

Nun hat sie keine Angst mehr.

Das Kätzchen leckt Ninas Nase.

„Miau!“, sagt es.

„Gute Nacht!“

Welches Tier hat Nina erschreckt?
Kreuze das richtige Bild an.

Am nächsten Morgen
weckt Toni die Kinder.
„Ich habe eine Überraschung
für euch!“, flüstert er.
„Seid ganz leise,
dann zeige ich sie euch.“

Die Kinder folgen Toni
zu einer der Ponyboxen.
„Heute Morgen haben wir
ein Fohlen bekommen!“,
verrät Toni den neugierigen Kindern.
„Es heißt Sternschnuppe.
Seht nur, wie hübsch es ist!“

LESE-RÄTSEL

Wie heißt das neugeborene Fohlen?
Schreibe den richtigen Namen farbig nach.

Sternchen

Sternschnuppe

Abendstern

Sternschnuppe

Sternschnuppe liegt im Stroh.
Es ist ein schwarzes Hengstfohlen
mit einem weißen Fleck
auf der Stirn.

Die Ponymama leckt
zärtlich ihr Fohlen.
Dann gibt sie ihrem Kind
einen kleinen Nasenstüber.
„Sie möchte,
dass Sternschnuppe aufsteht“,
erklärt Toni.

LESE-RÄTSEL

Welche beiden Wörter fehlen?
Lies nach, und ergänze richtig.

Sternschnuppe liegt im ___Stroh.___.

Das Fohlen hat einen weißen ___Fleck___ auf der Stirn.

Sternschnuppe versucht aufzustehen.
Aber seine dünnen Beinchen
sind noch zu schwach!
Plumps! Schon liegt er
wieder im Stroh.

Doch dann schafft er es.
Etwas wackelig,
aber Sternschnuppe steht!
Die Ponymama wiehert stolz.
Und Sternschnuppe hat Durst.
Er sucht die Zitzen und trinkt.
Nina und Felix lachen vor Freude.
Das werden sie nie vergessen!

LESE-RÄTSEL

Ordne die Bilder. Schreibe die Zahlen von 1 bis 4 in der richtigen Reihenfolge in die Kästchen.

Ausflug

Schon am nächsten Tag
darf Sternschnuppe
mit seiner Ponymama
auf die große Koppel.
Er bleibt ganz dicht bei ihr.

Heute steht er schon sicher
auf seinen Beinen.
Sternschnuppe macht
lustige Bocksprünge
wie ein kleiner Ziegenbock.
Hier gefällt es ihm gut!

LESE-RÄTSEL

Welches Tier von unten passt zu Sternschnuppes Bocksprüngen? Male es an.

Nina und Felix streicheln
das kleine Fohlen.
Sternschnuppe hält ganz still.
Er genießt es, wenn Felix
ihm die Ohren krault.
Er mag es, wenn Nina
ihm über das Fell streicht.

„Auf Wiedersehen,
kleine Sternschnuppe!“,
sagen Nina und Felix.

„Morgen fahren wir nach Hause.“
Sternschnuppe wiehert.
Er hat alles verstanden.

LESE-RÄTSEL

Was stimmt auf diesem Bild nicht?
Male einen Pfeil dorthin.

ABSCHIED

Zum Abschied füttern
Nina und Felix alle Ponys
mit Leckerbissen.
„Auf Wiedersehen, Flocke!“
„Auf Wiedersehen, Frechdachs!“
„Auf Wiedersehen, Sternschnuppe!“

Frechdachs wiehert laut und
gibt Felix einen Stups.
Und Felix fällt auf den Po!
Da müssen Nina und Felix lachen.
Es war schön auf dem Ponyhof!

LESE-RÄTSEL

Welches Pony hat Felix angestupst?
Kreuze es an.

Lösungen

Seite 3: Ninas Lieblingspony heißt *Flocke*.

Seite 5: Das ist der richtige Satz: Frechdachs wälzt sich im Gras.

Seite 7: Frechdachs knabbert an Felix' Hosentasche.

Seite 9: Das sind die drei Fehler: Nina hat keinen Apfel dabei, sondern nur trockenes Brot. Felix hat kein Gras, sondern nur eine Karotte. Er hält die Karotte auf der flachen Hand hin.

Seite 11: Frechdachs schüttelt den Kopf und wiehert.

Seite 13: Das ist der falsche Satz: Toni füttert die Ponys.

Seite 15: Das ist der Fehler: Toni pfeift nicht auf den Fingern, sondern schnalzt mit der Zunge.

Seite 17:

Seite 19: Dieses Kind kommt im Text nicht vor:

Seite 21: Der blonde Junge lädt Nina und Felix dazu ein, im Heu zu schlafen.

Seite 23: Nina zupft sich das Heu aus den *Haaren*.
Felix sieht aus wie ein *Strohmonster*.
Endlich fallen die *Kinder* müde und glücklich ins Heu.

Seite 25: Wenn du den Himmel dunkel malst, dann stimmt das Bild.

Seite 27: Das Kätzchen hat Nina erschreckt.